школа - ísikole	2
падарожжа - ukuhamba	5
транспарт - izinto zokuhamba	8
горад - idolobha	10
краявід - ingadi	14
рэстаран - isitolo sokudlela	17
супермаркет - emakethe enkulu	20
напоі - iziphuzo	22
ежа - ukudla	23
сядзіба - ifamu	27
дом - indlu	31
жылы пакой - igumbi lokuhlala	33
кухня - ikhishi	35
ванная - igumbi lokugeza	38
дзіцячы пакой - igumbi lezingane	42
адзенне - izimpahla	44
офіс - i-ofisi	49
эканоміка - umnotho	51
прафесіі - imisebenzi	53
інструменты - amathuluzi	56
музычныя інструменты - izinsimbi zomculo	57
заапарк - esiqiwini	59
спорт - imidlalo	62
дзейнасць - imisebenzi	63
сям'я - umndeni	67
цела - umzimba	68
шпіталь - isibhedlela	72
экстраная дапамога - izimo eziphuthumayo	76
Зямля - Umhlaba	77
гадзіннік - iwashi	79
тыдзень - iviki	80
год - unyaka	81
формы - amasheyphu	83
колеры - imibala	84
супрацьлегласці - izinto ezingafani	85
лічбы - izinombolo	88
мовы - izilimi	90
хто / што / як - ubani / ini / kanjani	91
дзе - kuphi	92

Impressum
Verlag: BABADADA GmbH, Nedderfeld 112 , 22529 Hamburg
Geschäftsführer / Verlagsleitung: Harald Hof
Druck: Books on Demand GmbH, In de Tarpen 42, 22848 Norderstedt

Imprint
Publisher: BABADADA GmbH, Nedderfeld 112 , 22529 Hamburg, Germany
Managing Director / Publishing direction: Harald Hof
Print: Books on Demand GmbH, In de Tarpen 42, 22848 Norderstedt

школа
isikole

- дзяліць / divayda
- дошка / ibhodi
- класны пакой / ikilasi
- школьны двор / igceke lesikole
- настаўнік / uthisha
- папера / iphepha
- пісаць / bhala
- ручка / ipeni
- пісьмовы стол / ideski
- лінейка / irula
- кніга / incwadi
- вучань / umuntu

ранец
isikhwama

пенал
isikwama sepeni

просты аловак
ipensela

тачылка для алоўкаў
umshini wokulola

гумка
irabha

альбом для малявання
indawo yokudweba

малюнак
ukudweba

пэндзлік
ibrashi lokupenda

фарбы
ibhokisi lokupenda

нажніцы
isikelo

клей
inomfi

сшытак
incwadi yesikole

хатняе заданне
umsebenzi wasekhaya

лік
inamba

дадаваць
hlanganisa

адымаць
susa

множыць
phindaphinda

лічыць
bala

літара
incwadi

алфавіт
izinhlamvu zamagama

слова
igama

школа - isikole

тэкст
umbhalo

чытаць
funda

крэйда
ushoki

ўрок
isifundo

класны журнал
bhalisa

экзамен
isivivinyo

атэстат
isitifiketi

школьная форма
iyunifomu yesikole

адукацыя
imfundo

энцыклапедыя
i-encyclopedia

універсітэт
inyuvesi

мікраскоп
isibonakhulu

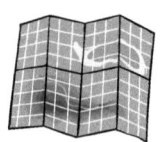
карта
ibalazwe

смеццевы кошык
ibhaskidi yokulahla amaphepha

школа - isikole

падарожжа

ukuhamba

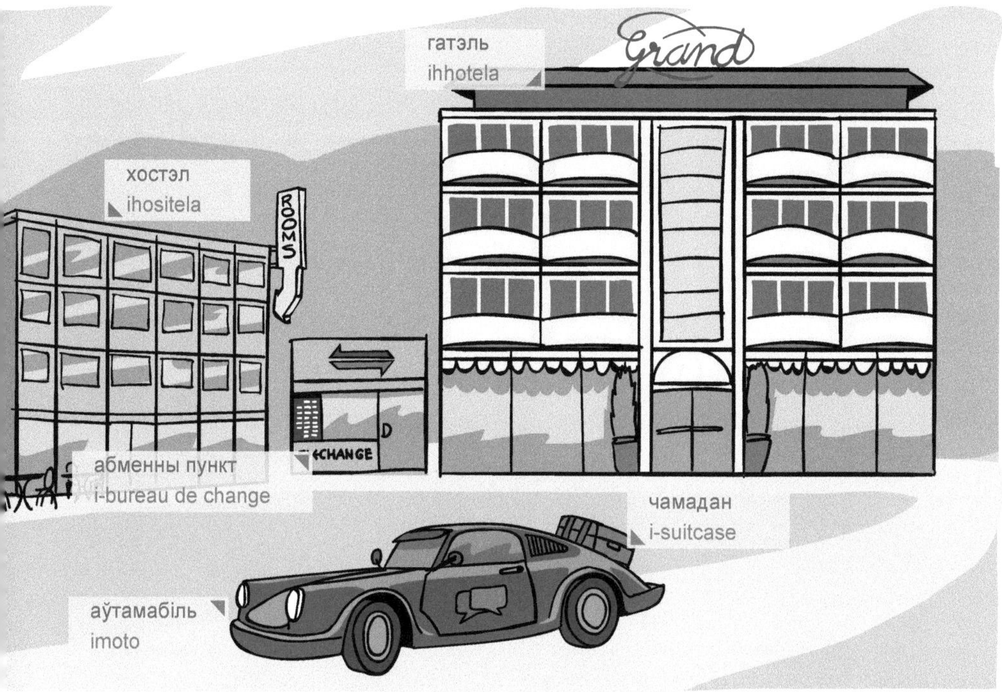

гатэль
ihhotela
Grand
хостэл
ihositela
ROOMS
абменны пункт
i-bureau de change
чамадан
i-suitcase
аўтамабіль
imoto

мова

ulimi

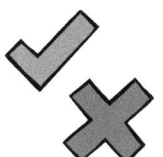

так / не

yebo / cha

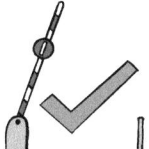

добра

kulungile

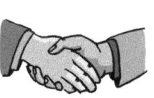

прывітанне!

sawubona

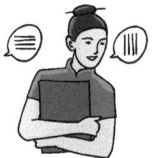

перакладчык

umhumushi

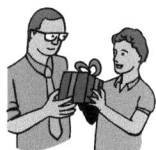

дзякуй

Ngiyabonga

Колькі каштуе....?
iyimalini i...?

я не разумею
angiqondi

праблема
inkinga

Добры вечар!
Intambama enhle!

Добрай раніцы!
Sawubona!

Дабранач!
Ulale kahle!

да пабачэння
bye bye

кірунак
isiqondiso

багаж
izikhwama

сумка
isikhwama

заплечнік
ubhakha

госць
isivakashi

пакой
igumbi

спальны мяшок
isikhwama sokulala

палатка
ithende

падарожжа - ukuhamba

фармацыя для турыстаў	пляж	крэдытная картка
hininingwane yamathoristi	ulwandle	ikhadi lesikweletu

снеданне	абед	вячэра
ukudla kwasekuseni	ukudla kwasemini	ukudla kwasebusuku

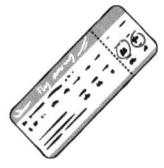  

праязны білет	ліфт	паштовая марка
ithikithi	i-lift	isitembu

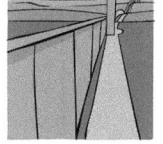  

мяжа	мытня	пасольства
ibhoda	amasiko	inxusa

віза	пашпарт
ivisa	iphasiphothi

падарожжа - ukuhamba

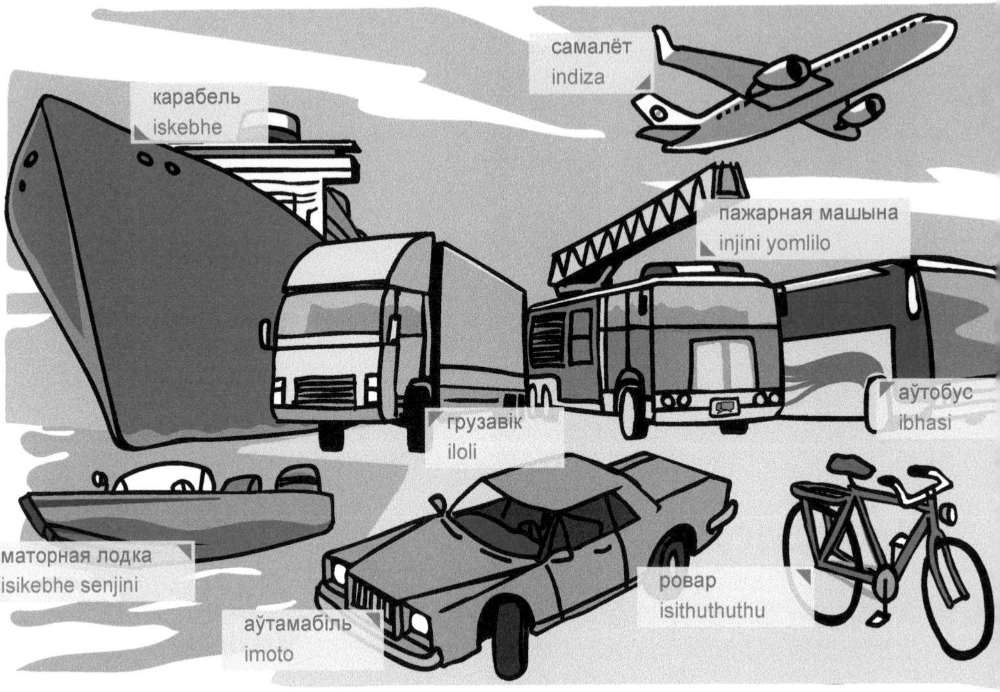

транспарт
izinto zokuhamba

самалёт — indiza
карабель — iskebhe
пажарная машына — injini yomlilo
аўтобус — ibhasi
грузавік — iloli
маторная лодка — isikebhe senjini
аўтамабіль — imoto
ровар — isithuthuthu

паром
isikebhe

лодка
isikebhe

матацыкл
isithuthuthu

паліцэйская машына
imoto yamaphoyisa

гоначны аўтамабіль
imoto ejahayo

арэндаваны аўтамабіль
imoto eqashiwe

 сумеснае карыстанне аўтамабілем ukurenta imoto	 эвакуатар iloli eliphukile	 смеццявоз ithrakhi
 матор injini	 паліва amafutha	 запраўка indawo yokuthela uphethiloli
 дарожны знак uphawu lwethrafikhi	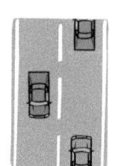 дарожны рух ithrafikhi	 затор ithrafikhi enkulu
 паркоўка dawo yokupaka izimoto	 чыгуначная станцыя isitashi sesitimela	 рэйкі amaloli
 цягнік isitimela	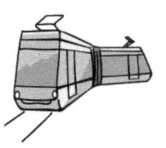 трамвай ithilamu	 вагон inqola

транспарт - izinto zokuhamba

верталёт — ihelikhoptha

аэрапорт — isikhungo sezindiza

вежа — umphongolo

пасажыр — iphasenja

кантэйнер — ikhonteyna

кардонная скрыня — ikhathoni

  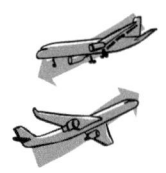

тачка — inqola

карзіна — ubhasikidi

ўзлятаць / прызямляцца — ukusuka / ukwehla

горад
idolobha

вёска — isigodi

цэнтр горада — i-city centre

дом — indlu

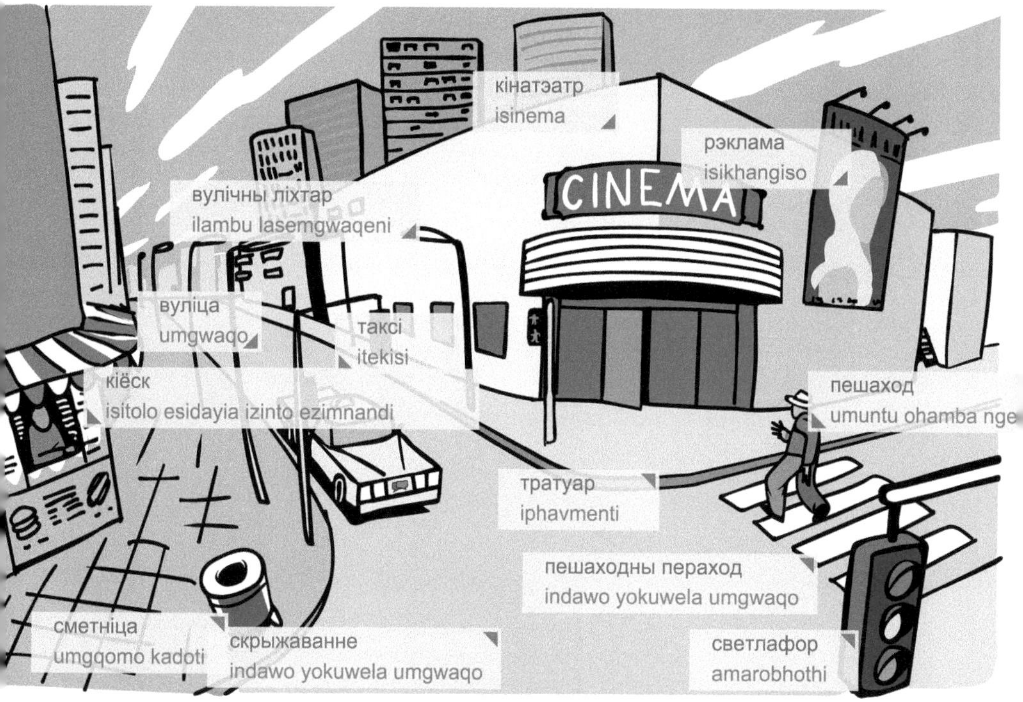

кінатэатр
isinema

рэклама
isikhangiso

вулічны ліхтар
ilambu lasemgwaqeni

вуліца
umgwaqo

таксі
itekisi

кіёск
isitolo esidayia izinto ezimnandi

пешаход
umuntu ohamba nge

тратуар
iphavmenti

пешаходны пераход
indawo yokuwela umgwaqo

сметніца
umgqomo kadoti

скрыжаванне
indawo yokuwela umgwaqo

светлафор
amarobhothi

халупа
indlu yodaka

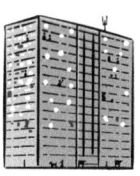

кватэра
i-flat

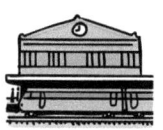

чыгуначная станцыя
isitashi sesitimela

ратуша
i-town hall

музей
imuzilemu

школа
isikole

горад - idolobha

універсітэт
inyuvesi

банк
ibhange

шпіталь
isibhedlela

гатэль
ihhotela

аптэка
ikhemisi

офіс
i-ofisi

кнігарня
isitolo sezincwadi

крама
esitolo

кветкавая крама
istolo sezimbali

супермаркет
emakethe enkulu

кірмаш
imakethe

універмаг
isitolo somnyango

рыбная крама
i-fishmonger's

гандлевы цэнтр
isikhungo sezitolo

порт
isikhungo semikhumbi

горад - idolobha

парк
ipaki

лава
ibhentshi

мост
ibhuloho

лесвіца
izitezi

метро
ngaphansi komhlaba

тунэль
umhubhe

прыпынак
istobhu sebhasi

бар
i-bar

рэстаран
isitolo sokudlela

паштовая скрыня
eposini

вулічны паказальнік
uphawu lwasemgwaqeni

паркамат
umshini wokukhokhela ukupaka

заапарк
esiqiwini

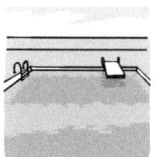

басейн
indawo yokubhukuda

мячэць
i-mosque

горад - idolobha

сядзіба
ifamu

забруджванне
навакольнага асяроддзя
ukungcola

могілкі
amagcwaba

царква
isonto

пляцоўка для гульні
igrawundi lokudlala

храм
ithempeli

краявід
ingadi

ліст
icembe

паказальнік
mpambano mgwaqo

дарога
indlela

луг
idlelo

камень
itshe

падарожнік
umqwali wezintaba

дрэва
isihlahla

рака
umfula

трава
utshani

кветка
imbali

даліна
isigodi

гара
intaba

возера
ichibi

лес
ihlathi

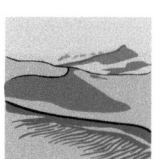
пустыня
ogwadule

вулкан
intaba mlilo

замак
isigodlo

вясёлка
uthingo

грыб
ikhowe

пальма
isihlahla sesundu

камар
umiyane

муха
ukundiza

мурашка
intuthwane

пчала
inyosi

павук
isicabucabu

краявід - ingadi

жук
ibhungane

жаба
ixoxo

вавёрка
i-squirrel

вожык
i-hedgehog

заяц
unogwaja

сава
isikhova

птушка
izinyoni

лебедзь
idada

дзік
intibane

алень
inyamazane

лось
i-moose

плаціна
idamu

вятрак
i-wind turbine

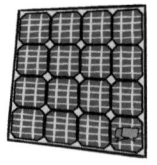

сонечная батарэя
i-solar panel

клімат
isimo sezulu

краявід - ingadi

рэстаран
isitolo sokudlela

- афіцыянт — uweyita
- меню — imenu
- крэсла — isihlalo
- суп — isobho
- піца — i-pizza
- сталовыя прыборы — ikhathilari
- абрус — indwangu yasetafuleni

закуска
ukudla okulula

другая страва
isidlo

дэсерт
idizethi

напоі
iziphuzo

ежа
ukudla

бутэлька
ibhodlela

хуткае харчаванне (фаст-фуд)
ukudla okulula

стрыт-фуд
ukudla okudayiswa emgwaqeni

імбрык (чайнік)
ithiphothi

цукарніца
isitsha sikashukela

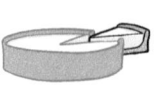

порцыя
ingxenye

эспрэса-машына
umshini we-ekspreso

дзіцячае крэселка
isitulo esiphezulu

рахунак
izindleko

паднос
ithreyi

нож
ummese

відэлец
imfologo

лыжка
ispuni

чайная лыжка
ithispuni

сурвэтка
indawo yokusula umlomo

шклянка
igilasi

рэстаран - isitolo sokudlela

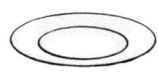

талерка
ipuleti

супавая талерка
ipuleti lesobho

сподак
isoso

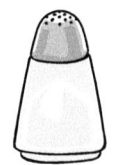

соус
isosi

сальніца
isitsha sasawoti

млынок для перцу
isitsha sephepha

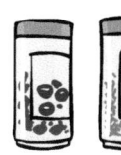

воцат
uviniga

алей
amafutha

спецыі
izinongo

кетчуп
isosi yetamatisi

гарчыца
isosi yesinaphi

маянэз
imayonesi

рэстаран - isitolo sokudlela

супермаркет

emakethe enkulu

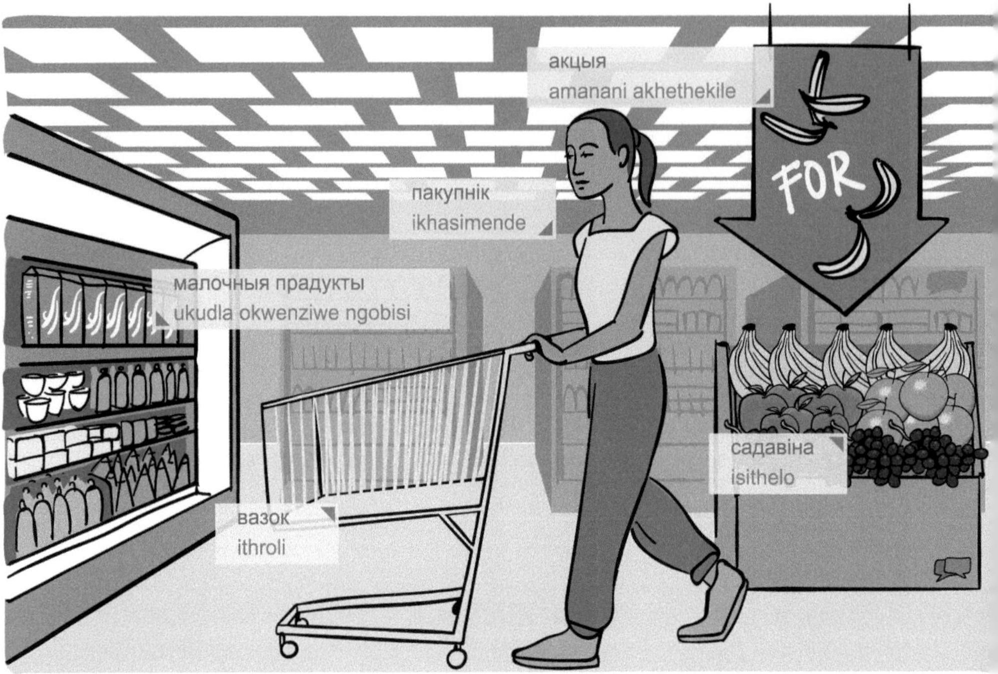

акцыя
amanani akhethekile
пакупнік
ikhasimende
FOR
малочныя прадукты
ukudla okwenziwe ngobisi
садавіна
isithelo
вазок
ithroli

BUTCHERS

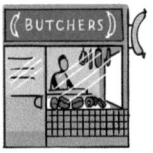

мясная крама

ebhusha

BAKERY

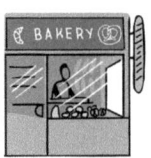

хлебны магазін

isitolo esidayisa isinkwa

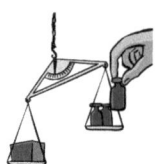

важыць

kala

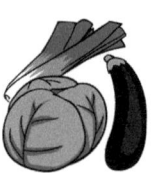

гародніна

amaveji

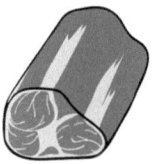

мяса

inyama

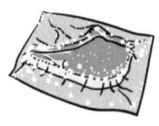

свежазамарожаныя прадукты

ukudla okubandayo

нарэзка	кансервы	пральны парашок
inyama ebandayo	ukudla okusethinini	insipho yokuwasha enguphawuda

прысмакі	хатнія прылады	чысцячы сродак
oswidi	izinto zasendlini	izinto zokuhlanza

прадавец	каса	касір
umuntu odayisayo	ithili	umbali wemali

спіс пакупак	гадзіны працы	бумажнік
to okumelwe zithengwe	amahora okuvula	uwolethi

крэдытная картка	сумка	пакет
ikhadi lesikweletu	isikhwama	isikwama sepulastiki

супермаркет - emakethe enkulu

напоі
iziphuzo

вада	сок	малако
amanzi	ijusi	ubisi

кола	віно	піва
i-coke	iwayini	ubhiya

алкаголь	какава	гарбата (чай)
utshwala	i-cocoa	itiye

кава	эспрэса	капучына
ikhofi	i-ekspreso	ikhaphachino

ежа
ukudla

банан
ubhanana

яблык
i-apula

апельсін
i-olintshi

дыня
ikhabe

лімон
ulamula

морква
ukherothi

часнок
ugaligi

бамбук
umhlanga

цыбуля
u-anyanisi

грыб
ikhowe

арэхі
amakinati

локшына
ama-noodle

спагеці
isipagethi

рыс
iraysi

салата
isaladi

бульба фры
ama-chips

смажаная бульба
amazambane athosiwe

піца
i-pizza

гамбургер
ibhega

бутэрброд
isendiwichi

шніцаль
inyama engenathambo

вяндліна
ham

салямі
salami

каўбаса
isoseji

курыца
inkukhu

смажаніна
yosiwe

рыбак
inhlanzi

аўсяныя камякі
iphalishi le-oats

мюслі
i-muesli

кукурузныя шматкі
ama-cornflakes

мука
uflulawa

круасан
i-croissant

булачка
isinkwa esiyiroli

хлеб
isinkwa

тост
i-toast

пячэнне
amabhiskidi

масла
ibhotela

тварог
i-curd

пірог
ikhekhe

яйка
iqanda

яечня
iqanda elithosiwe

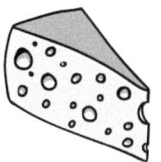
сыр
ushizi

ежа - ukudla

марожанае	цукар	мёд
i-ice cream	ushukela	uju

варэнне	нуга	кары
ujamu	ispredi sikashokholedi	isitshulu

ежа - ukudla

сядзіба
ifamu

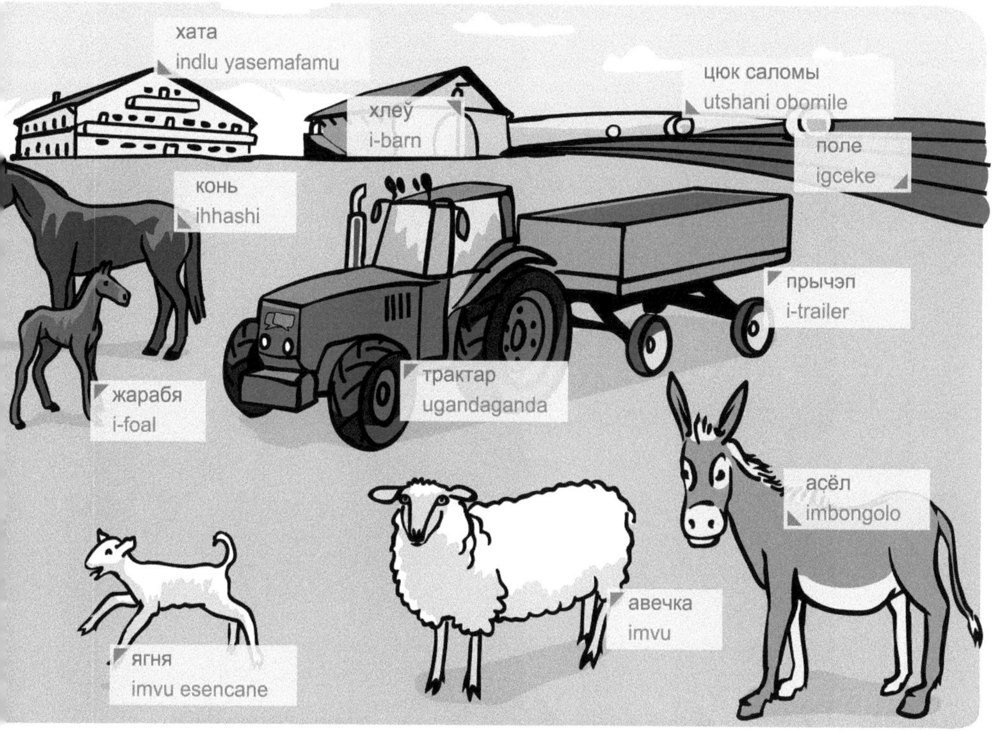

хата — indlu yasemafamu
хлеў — i-barn
цюк саломы — utshani obomile
поле — igceke
конь — ihhashi
прычэп — i-trailer
жарабя — i-foal
трактар — ugandaganda
асёл — imbongolo
авечка — imvu
ягня — imvu esencane

каза
imbuzi

карова
inkomo

цяля
ithole

свіння
ingulube

парася
ingulube esencane

бык
inkunzi

гусак
ihansi

качка
idada

кураня
ichwane

курыца
isikhukhukazi

певень
iqhude

пацук
igundwane

кот
ikati

мыш
igundwane

вол
inkabi

сабака
inja

сабачая будка
indlu yenja

садовы шланг
ipayipi lokunisela

палівачка
ikani lokunisela

каса
ucelemba

плуг
igeja

серп
isikela

матыка
ukhuba

вілы для гною
imfoloko

сякера
imbazo

тачка
ibhala

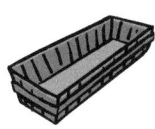

карыта
umkhombe

бітон для малака
ubusi olusekanini

мех
isaka

плот
ifensi

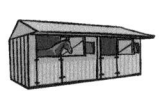

хлеў
esitebhilini

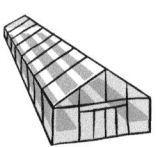

цяпліца
i-greenhouse

глеба
inhlabathi

насенне
imbewu

угнаенне
umanyolo

камбайн
ukuvuna okuhlanganisiwe

сядзіба - ifamu

 збіраць ураджай vuna	 ураджай isivuno	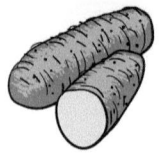 ямс ama-yam
 пшаніца ukolweni	 соя umbhontshisi	 бульба amazambane
 кукуруза ummbila	 рапс i-rapeseed	 садовае дрэва isihlahla sezithelo
 маніёк umdumbula	 збожжа amasiriyeli	

сядзіба - ifamu

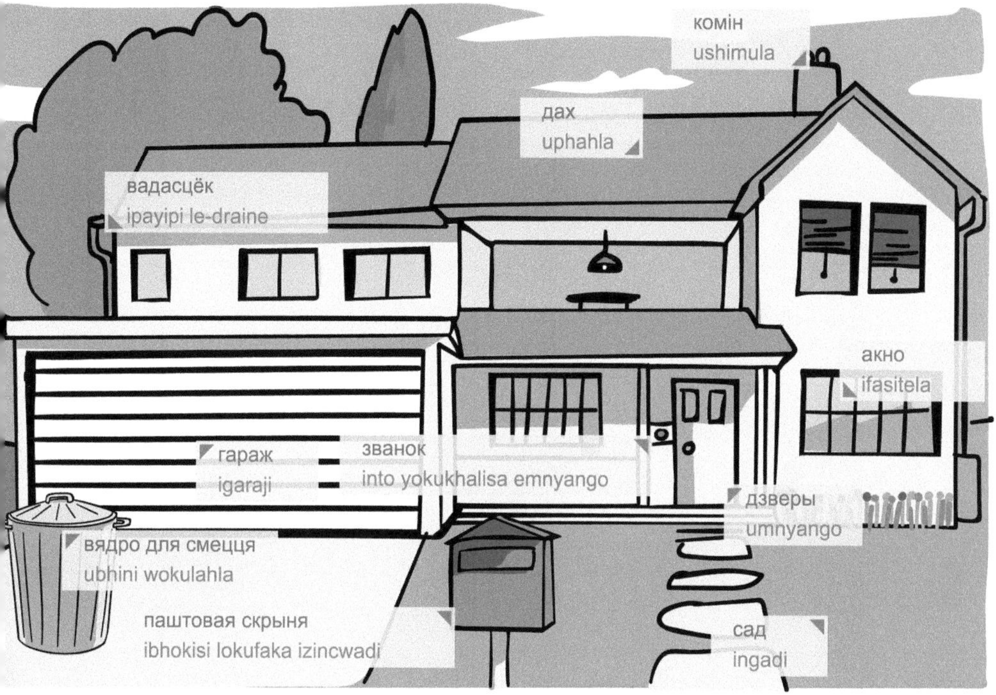

дом
indlu

комін
ushimula

дах
uphahla

вадасцёк
ipayipi le-draine

акно
ifasitela

гараж
igaraji

званок
into yokukhalisa emnyango

дзверы
umnyango

вядро для смецця
ubhini wokulahla

паштовая скрыня
ibhokisi lokufaka izincwadi

сад
ingadi

жылы пакой
igumbi lokuhlala

ванная
igumbi lokugeza

кухня
ikhishi

спальны пакой
igumbi lokulala

дзіцячы пакой
igumbi lezingane

сталоўка
igumbi lokudlela

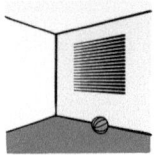
падлога
phansi

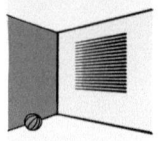
сцяна
udonga

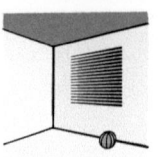
столь
usilingi

падвал
i-cella

саўна
i-sauna

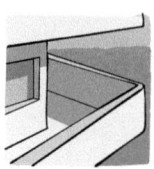
балкон
ibhalconi

тэраса
i-terrace

басейн
iphuli

касілка
umshin wokugunda utshani

падкоўдранік
ishidi

коўдра
ingubo yokulala

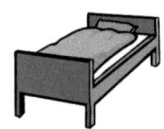
ложак
umbhede

венік
umshanelo

вядро
ibhakede

выключальнік
i-switch

дом - indlu

жылы пакой
igumbi lokuhlala

шпалеры
i-wallpaper

малюнак
isithombe

лямпа
ilambu

паліца
ishalofu

шафа
ibhodi lenkomishi

камін
indawo yomlilo

тэлевізар
umabonakude

кветка
imbali

падушка
ikhushini

ваза
ivasi

канапа
usofa

пульт
i-remote control

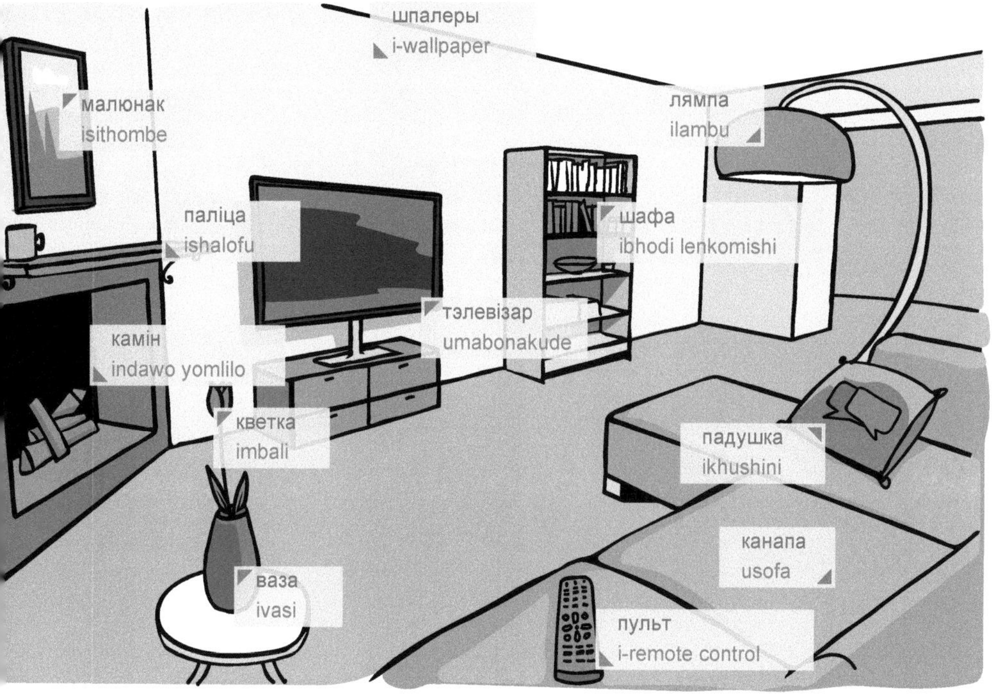

дыван
ukhaphethe

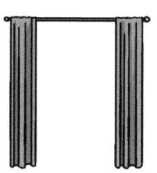

фіранка
ikhethini

стол
itafula

крэсла
isihlalo

крэсла-качалка
Isihlalo esinyakazayo

крэсла
isihlalo esingangengalo

жылы пакой - igumbi lokuhlala   33

кніга
incwadi

коўдра
ingubo

дэкарацыя
ukuhlobisa

дровы
izinkuni zokubasa

кіно
ifilimu

стэрэасістэма
izinto ze-hi-fi

ключ
ukhiye

газета
iphephandaba

карціна
ukupenda

постар
iphosta

радыё
umsakazo

нататнік
i-notepad

пыласос
ihuva

кактус
i-cactus

свечка
ikhandlela

жылы пакой - igumbi lokuhlala

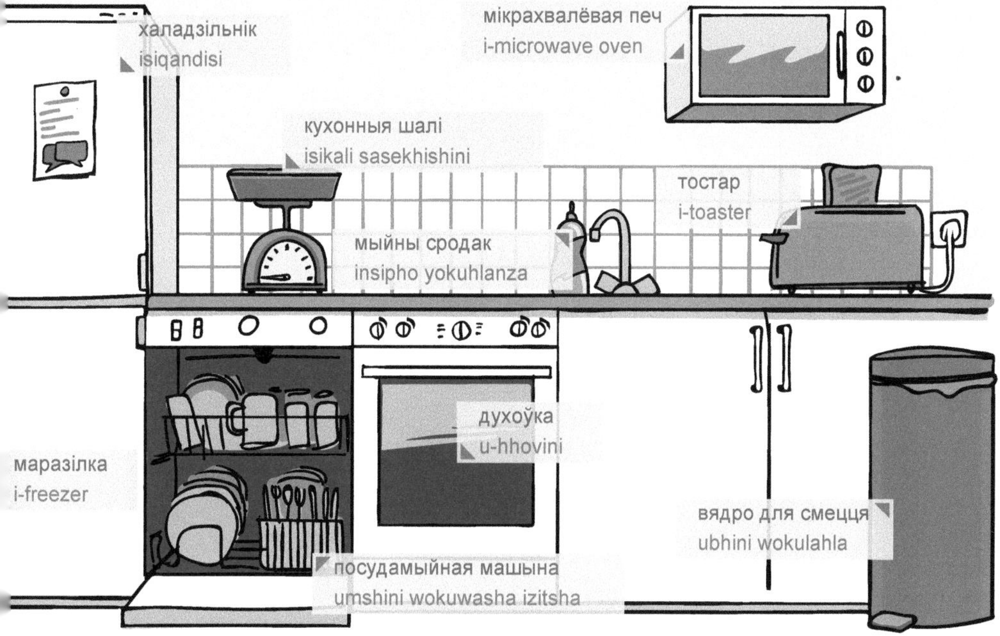

кухня
ikhishi

халадзільнік
isiqandisi

мікрахвалёвая печ
i-microwave oven

кухонныя шалі
isikali sasekhishini

тостар
i-toaster

мыйны сродак
insipho yokuhlanza

духоўка
u-hhovini

мараізлка
i-freezer

вядро для смецця
ubhini wokulahla

посудамыйная машына
umshini wokuwasha izitsha

пліта
umshini wokupheka

рондаль
ibhodwe

чыгунок
ibhodwe le-cast iron

Вок / кадаі
i-wok / kadai

патэльня
ipani

чайнік
iketela

параварка
i-steamer

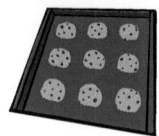

бляха
ithreyi lokubhaka

посуд
izitsha zokudla

кубак
imaki

міска
isitsha

палачкі для ежы
izinti zendwangu

чарпак
isixembe sokuphaka

лапатачка
ispathula

збівалка
i-whisk

сіта для варэння
i-strainer

сіта
isisefo

тарка
igretha

ступка
isitsha sodaka

грыль
i-barbecue

вогнішча
umlilo

кухня - ikhishi

дошка
ibhodi lokuqoba

качалка
ipini lokurola

штопар
iskrew

бляшанка
ikani

адкрывалка
into yokuvula ikani

прыхваткі
indwangu yokubamba ibhodwe

ракавіна
usinki

шчотка
i-brush

губка
isiponji

міксер
ibhlenda

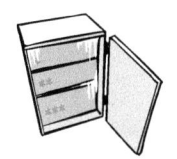

маразільная камера
i-deep freezer

бутэлечка
ibhodlela lengane

вадаправодны кран
umpompi

ванная
igumbi lokugeza

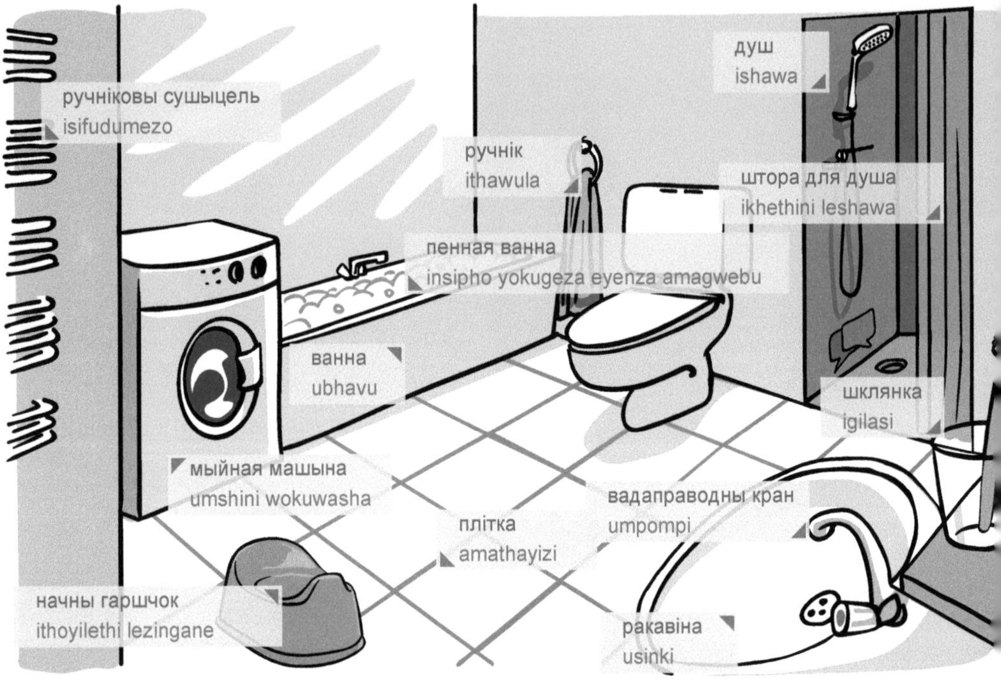

- душ — ishawa
- ручніковы сушыцель — isifudumezo
- ручнік — ithawula
- штора для душа — ikhethini leshawa
- пенная ванна — insipho yokugeza eyenza amagwebu
- ванна — ubhavu
- шклянка — igilasi
- мыйная машына — umshini wokuwasha
- вадаправодны кран — umpompi
- плітка — amathayizi
- начны гаршчок — ithoyilethi lezingane
- ракавіна — usinki

туалет
ithoyilethi

падлогавы ўнітаз
ithoyilethi oqoshama kuyo

бідэ
ithoyilethi le-bidet

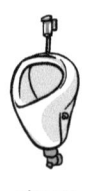

пісуар
ithoyilethi lokuchama labesilisa

туалетная папера
iphepha lasethoyilethi

шчотка для чысткі ўнітаза
ibhrashi lasethoyilethi

зубная шчотка

ibhrashi lamazinyo

зубная паста

insipho yamazinyo

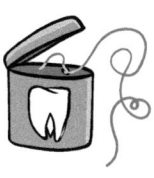

зубная нітка

into yokuvungula

мыць

washa

ручны душ

ishawa ebanjwa ngesandla

інтымны душ

uchatho

умывальнік

u-basini

шчотка для спіны

ibrashi lomhlane

мыла

insipho

гель для душа

ijeli yeshawa

шампунь

ishampu

вяхотка

ishethi lesikoshi

вадасцёк

i-drain

крэм

ukhilimu

дэзадарант

into yokugcoba amakhwapha

ванная - igumbi lokugeza

люстэрка	касметычнае люстэрка	станок для галення
isibuko	isibuko esiphathwa ngesandla	ireyza

пена для галення	ласьён пасля галення	грэбень
igwebu lokushefa	umuthi ogcotshwa ngemva kokushefa	ikama

шчотка	фен	лак для валасоў
ibhrashi	into yokomisa izinwele	ispreyi sezinwele

касметыка	памада	лак для пазногцяў
i-makeup	into yokugcoba umlomo	into yokususa upende wezinzipho

вата	манікюрныя нажніцы	духі
uwuli kakotini	isikelo sezinzipho	isigqolo

ванная - igumbi lokugeza

касметычка
isikhwama sezinto zokugeza

табурэтка
isitulo

вагі
isikali

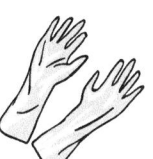

лазневы халат
ingubo yokugeza

санітарныя пальчаткі
amagilavu erabha

тампон
ithemponi

гігіенічныя пракладкі
iphedi yasesikhathini

біятуалет
ithoyilethi lekhemikhali

ванная - igumbi lokugeza

дзіцячы пакой
igumbi lezingane

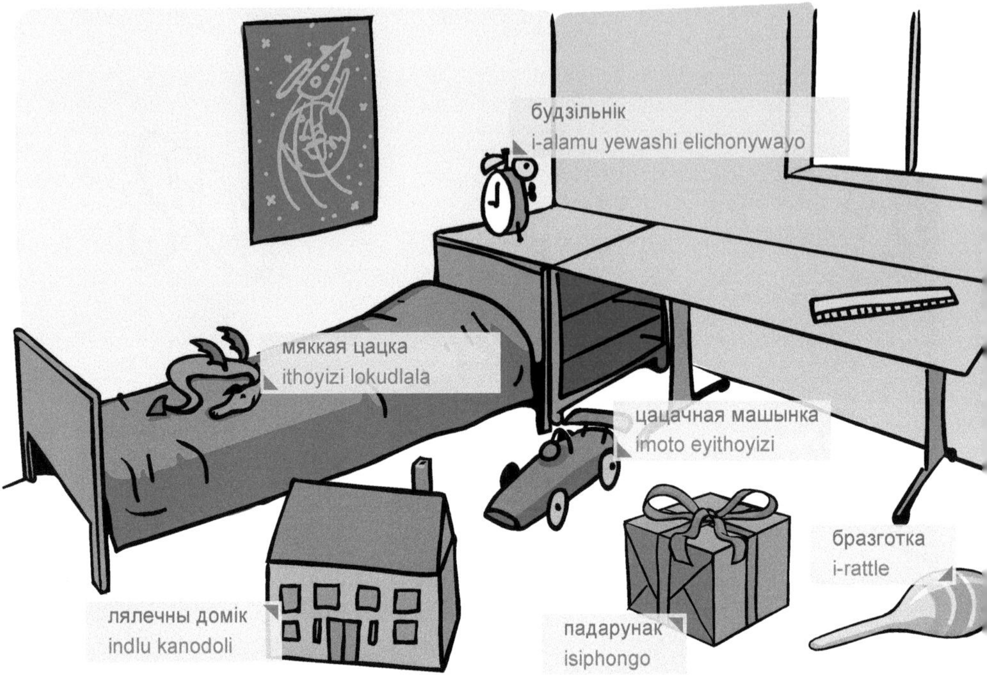

будзільнік
i-alamu yewashi elichonywayo
мяккая цацка
ithoyizi lokudlala
цацачная машынка
imoto eyithoyizi
бразготка
i-rattle
лялечны домік
indlu kanodoli
падарунак
isiphongo

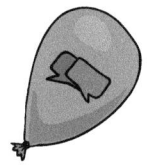

надзіманы шарык

ibhaluni

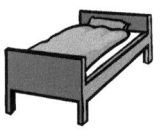

ложак

umbhede

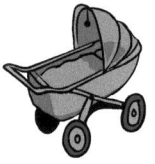

дзіцячая каляска

iphremu

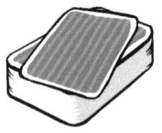

калода картаў

amakhadi

пазл

i-jigsaw

SUPER
MEGA
комікс

indaba edwetshiwe

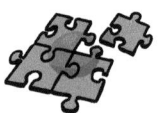

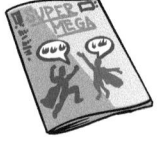

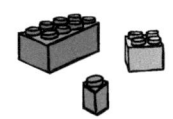
канструктар "Лега"
amabrick elego

канструктар
amabhuloksi okwakha

экшэн-фігурка
unodoli weqhawe

дзіцячы гарнітур
izimpahla zezingane

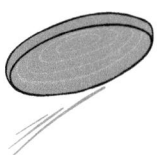
фрызбі
i-frisbee

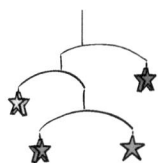
дзіцячы мабіль
amathoyizi ezingane alengayo

настольная гульня
ibhodi lokudlala igemu

кубік
idayisi

дзіцячая чыгунка
isethi yesitimela

пустышка
idemu

дзіцячае свята
iphathi

кніга з малюнкамі
incwadi yezithombe

мячык
ibhola

лялька
unodoli

гуляцца
dlala

дзіцячы пакой - igumbi lezingane

пясочніца
umgodi wenhlabathi

арэлі
uzwinki

цацкі
amathoyizi

гульнявая відэа прыстаўка
umshini wamavidiyo geymu

трохколавы ровар
ibhayisikili elinemasondo amathathu

плюшавы мішка
uthedibhe

шафа
u-wardrobe

адзенне
izimpahla

шкарпэткі
amasokisi

панчохі
amastokhingi

калготкі
amathayithi

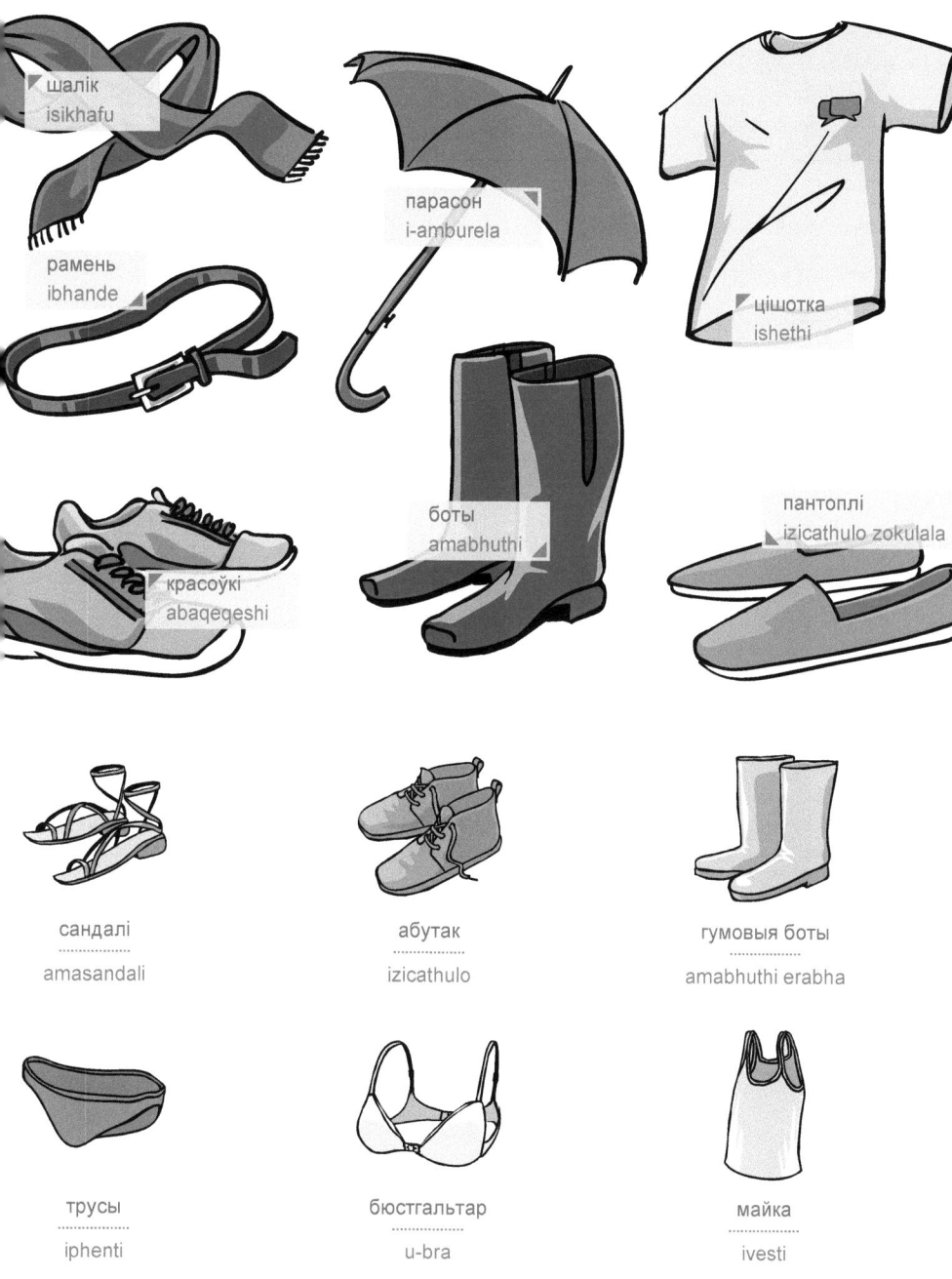

адзенне - izimpahla

бодзі
umzimba

штаны
amabhulukwe

джынсы
amajini

спадніца
isiketi

блузка
isikibha

кашуля
ishethi

джэмпер
ijezi elinezigqoko

талстоўка
i-hoodie

блэйзер
ibhuleyiza

куртка
ijakhethi

паліто
ijazi

дажджавік
i-raincoat

касцюм
ikhosyumu

сукенка
ingubo

вясельная сукенка
ingubo yomshado

адзенне - izimpahla

касцюм	начная сарочка	піжама
isudu	ingubo yokulala	amaphijama

сары	хустка	цюрбан
ingubo yesari	isikhafu	isigqoko se-turban

паранджа	каптан	Абая
ibhukha	ingubo yekaftani	abaya

купальнік	плаўкі	шорты
mpahla yokubhukuda	amathranki	isikhindi

спартыўны касцюм	фартух	пальчаткі
i-tracksuit	ingubo yokupheka	amagilavu

адзенне - izimpahla

гузік
ibhathini

акуляры
izibuko

бранзалет
ibhengela

каралі
umgexo

кальцо
indandatho

завушніца
amacici

кепка
ikepisi

вешалка
into yokuhenga ijazi

капялюш
isigqoko

гальштук
uthayi

маланка
uziphu

шлем
ihelmethi

падцяжкі
ama-braces

школьная форма
iyunifomu yesikole

уніформа
iyunifomu

адзенне - izimpahla

нагруднік
ibhayi lengane

пустышка
idemu

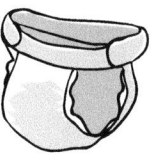

падгузнік
inabukeni

офіс
i-ofisi

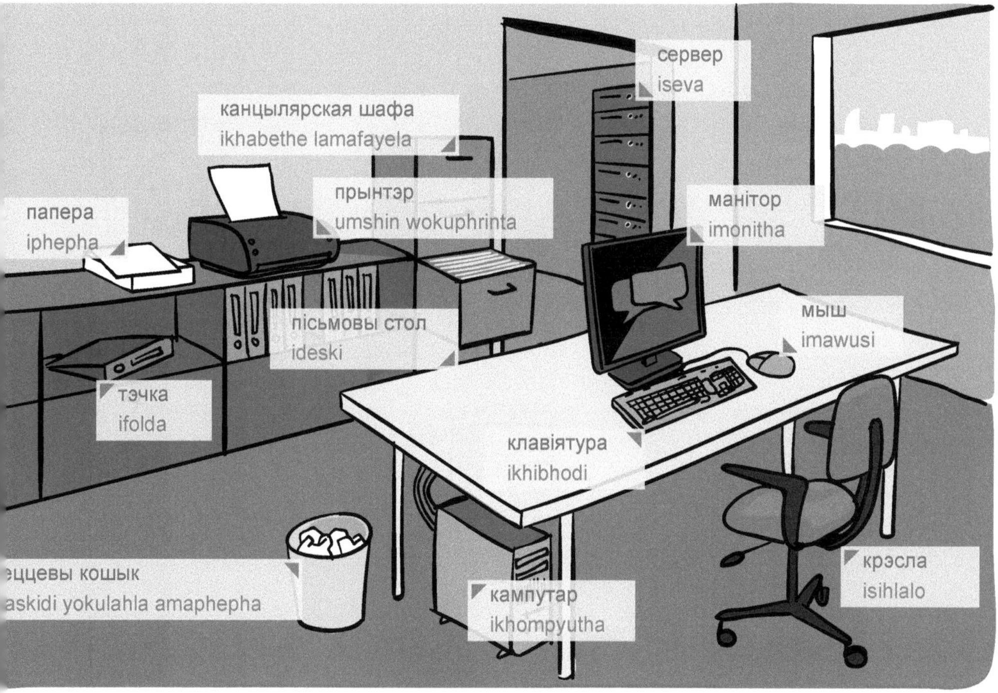

канцылярская шафа
ikhabethe lamafayela

сервер
iseva

папера
iphepha

прынтэр
umshin wokuphrinta

манітор
imonitha

пісьмовы стол
ideski

мыш
imawusi

тэчка
ifolda

клавіятура
ikhibhodi

сццевы кошык
askidi yokulahla amaphepha

кампʼютар
ikhompyutha

крэсла
isihlalo

ак для кавы (філіжанка)

imagi yekhofi

калькулятар
ikhalkhuletha

інтэрнэт
i-inthanethi

ноўтбук
ilephuthophu

ліст
incwadi

паведамленне
umyalezo

мабільны тэлефон
ifoni

сетка
inethiwekhi

ксеракс
ifothokhophi

праграмнае забеспячэнне
i-software

тэлефон
ucingo

разетка
indawo yokupulaka

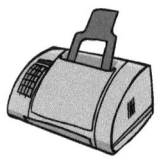
факс
umshini wokufeksa

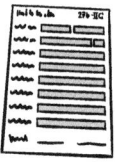
фармуляр
ifomu

дакумент
idokhumenti

офіс - i-ofisi

эканоміка
umnotho

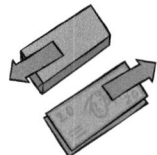
купляць
thenga

плаціць
khokha

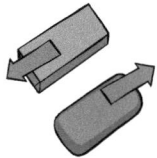
гандляваць
shintshana

грошы
imali

долар
idola

еўра
i-euro

ена
iyen

рубель
i-rouble

франк
iSwiss franc

кітайскі юань
i-renminbi yuan

рупія
i-rupee

банкамат
umshini wokukhipha imali

абменны пункт
i-bureau de change

золата
igolide

срэбра
isiliva

нафта
amafutha

энергія
amandla

цана
inani lemali

  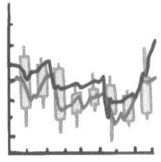

кантракт
ukuxhumana

падатак
intela

акцыя
isitokwe

працаваць
sebenza

служачы
isisebenzi

працадаўца
umqashi

фабрыка
ifekthri

крама
esitolo

эканоміка - umnotho

прафесіі
imisebenzi

паліцыянт
iphoyisa

пажарны
indoda ecisha umlilo

кухар
pheka

доктар
udokotela

пілот
umshayeli wezindiza

садоўнік
umuntu onakekela ingadi

слесар
umbazi

швачка
umthungi

суддзя
ijaji

хімік
umuntu osebenza ekhemisi

артыст
umlingisi

прафесіі - imisebenzi   53

кіроўца аўтобуса	таксіст	рыбак
umshayeli webhasi	umshayeli wetekisi	indoda edoba izinhlanzi

прыбіральшчыца	страхар	афіцыянт
owesifazane ohlanzayo	umuntu olungisa uphahla	uweyita

паляўнічы	мастак	пекар
umzingeli	umuntu opendayo	umbhaki

электрык	будаўнік	інжынер
umuntu osebenza ngogesi	umakhi	unjiniyela

мяснік	сантэхнік	паштальён
indawo edayisa inyama	umuntu osebenza ngamapayipi	indoda yaseposini

прафесіі - imisebenzi

салдат
isosha

архітэктар
umdwebi wezakhiwo

касір
umbali wemali

фларыст
umuntu otshala izimbali

цырульнік
umuntu owenza izinwele

кандуктар
umqondisi wasesitimeleni

механік
umakhenikha

капітан
ukaputeni

стаматолаг
udokotela wamazinyo

вучоны
usosayensi

рабін
urabi

імам
imam

манах
indela

святар
umfundisi

прафесіі - imisebenzi

інструменты
amathuluzi

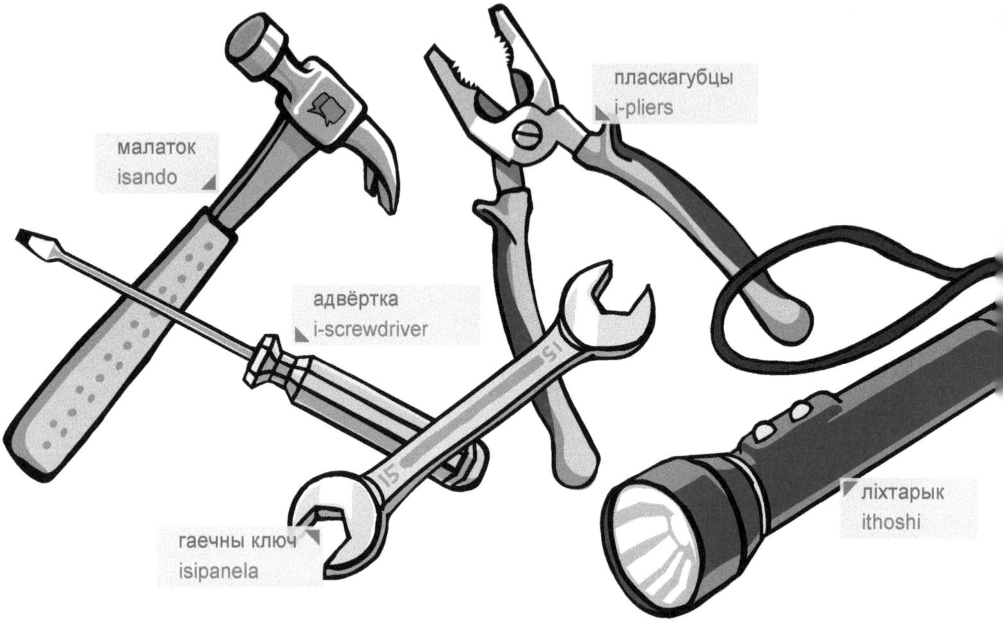

малаток
isando

пласкагубцы
i-pliers

адвёртка
i-screwdriver

гаечны ключ
isipanela

ліхтарык
ithoshi

экскаватар
umshini wokumba

скрыня для інструментаў
ibhokisi lamathuluzi

дравіны
isitebhisi

піла
isaha

цвікі
izinzipho

дрыль
i-drill

рамантаваць
lungisa

рыдлеўка
ifosholo

Халера!
Damethi!

шуфлік для смецця
idastipheni

вядро з фарбаю
ithini likapende

балты
i-screws

музычныя інструменты
izinsimbi zomculo

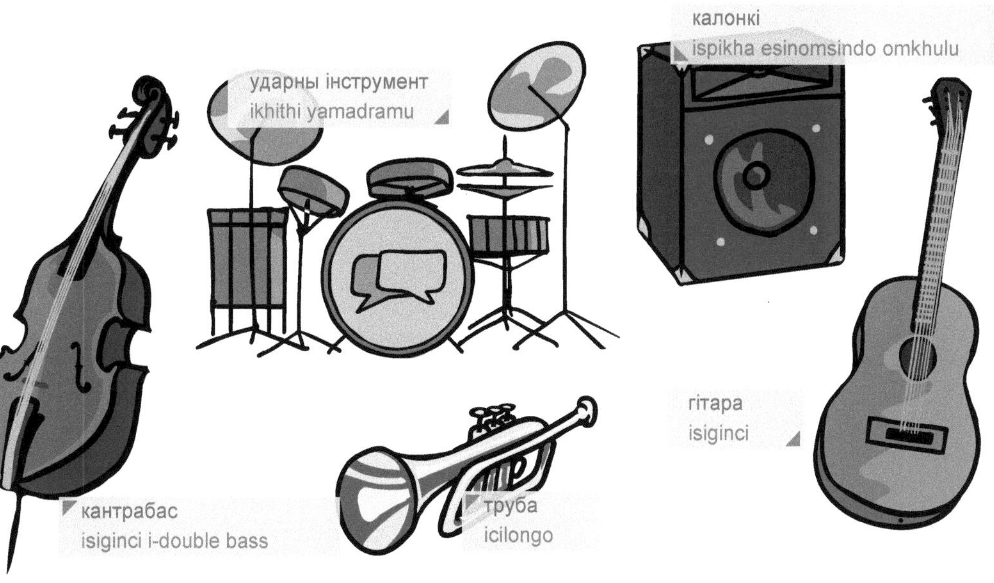

ударны інструмент
ikhithi yamadramu

калонкі
ispikha esinomsindo omkhulu

гітара
isiginci

кантрабас
isiginci i-double bass

труба
icilongo

піяніна	скрыпка	басгітара
ipiyano	ivayolini	i-bass

літаўры	барабан	клавішны электрамузычны інструмент
ithimpani	amadramu	i-keyboard

саксафон	флейта	мікрафон
i-saxophone	umtshingo	imakhrofoni

музычныя інструменты - izinsimbi zomculo

заапарк
esiqiwini

тыгр / ingwe
увахад / indawo yokungena
клетка / ikheji
зебра / idube
корм для жывёл / ukudla kwezilwane
панда / iphanda

жывёлы
izilwane

слон
indlovu

кенгуру
ikhangaru

насарог
ubhejane

гарыла
igorila

мядзведзь
ibhele

вярблюд
ikamela

стравус
intshe

леў
ingonyama

малпа
inkawu

фламінга
i-flamingo

папугай
upholi

белы мядзведзь
ibhele laseqhweni

пінгвін
iphenguwini

акула
ushaka

паўлін
ipigogo

змяя
inyoka

кракадзіл
ingwenya

наглядчык заапарка
umgcini wezilwane

цюлень
isilwane saseqhweni

ягуар
ijaguwa

заапарк - esiqiwini

поні
iponi

леапард
ingwe

бегемот
imvubu

жыраф
indlulamithi

арол
ukhozi

дзік
intibane

рыбак
inhlanzi

чарапаха
ufudu

морж
i-walrus

ліса
ujakalase

газель
inyamazane igazele

заапарк - esiqiwini

спорт
imidlalo

дзейнасць
imisebenzi

- скакаць / gxuma
- смяяцца / hleka
- абдымаць / haga
- спяваць / cula
- ісці / hamba
- маліцца / thandaza
- цалаваць / cabuza
- марыць / phupha

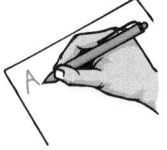

пісаць
bhala

маляваць
dweba

паказваць
bonisa

націснуць
phusha

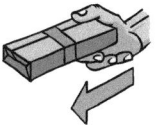

даваць
nikeza

браць
thatha

маць
yiba

выконваць
yenza

быць
yiba

стаяць
sukuma

бегчы
gijima

цягнуць
donsa

кідаць
phonsa

падаць
yiwa

ляжаць
amanga

чакаць
linda

насіць
thwala

сядзець
hlala

апранацца
gqoka

спаць
lala

прачынацца
vuka

дзейнасць - imisebenzi

 глядзець bukela	 плакаць khala	 лашчыць qhweba
 прычэсвацца kama	 гаварыць khuluma	 разумець qonda
 пытаць buza	 чуць lalela	 піць phuza
 есці idla	 прыбіраць coca	 кахаць thanda
 гатаваць pheka	 ехаць shayela	 лятаць ndiza

дзейнасць - imisebenzi

плаваць пад ветразем

hamba ngomkhumbi

лічыць

bala

чытаць

funda

вучыць

funda

працаваць

sebenza

уступаць у шлюб

shada

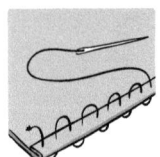

шыць

thunga

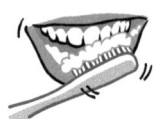

чысціць зубы

geza amazinyo

забіваць

bulala

курыць

bhema

пасылаць

thumela

сям'я
umndeni

бабуля — ugogo
дзядуля — umkhulu
бацька — ubaba
маці — umama
дзіця — ingane
дачка — indodakazi
сын — indodana

госць
isivakashi

цётка
u-anti

дзядзька
umalume

брат
umfowethu

сястра
udadewethu

цела
umzimba

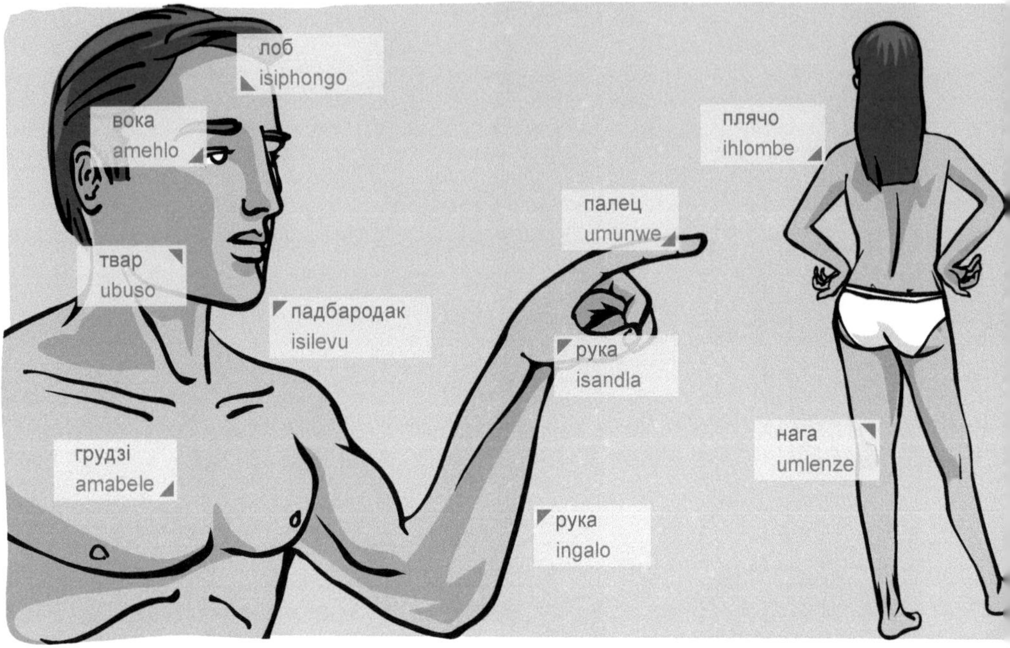

лоб / isiphongo
вока / amehlo
твар / ubuso
падбародак / isilevu
грудзі / amabele
плячо / ihlombe
палец / umunwe
рука / isandla
нага / umlenze
рука / ingalo

дзіця
ingane

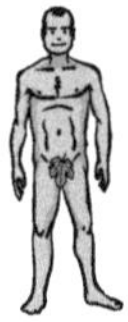

мужчына
indoda

жанчына
owesifazane

дзяўчынка
intombazane

хлопчык
umfana

галава
ikhanda

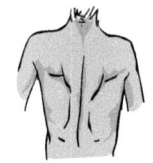

спіна
umhlane

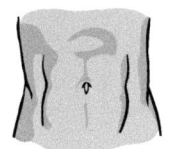

жывот
isisu

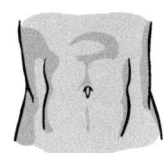

пуп
inkaba

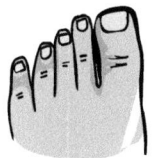

палец нагі
izinzwane

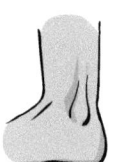

пятка
isithende

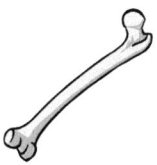

костка
ithambo

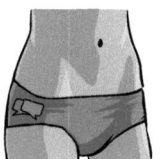

бядро
inqulu

калена
idolo

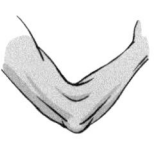

локаць
indololwane

нос
ikhala

ягадзіца
ingenzansi

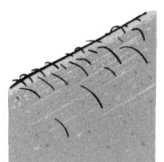

скура
isikhumba

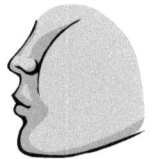

шчака
iziqhomo

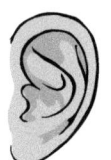

вуха
indlebe

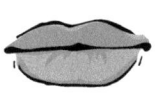

губа
udebe

цела - umzimba

рот
umlomo

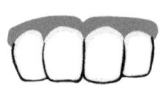

зуб
amazinyo

язык
ulimu

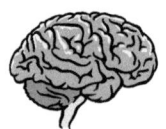

галаўны мозг
ingqondo

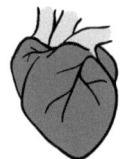

сэрца
inhliziyo

мышца
imasela

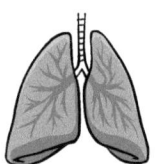

лёгкае
uphaphe

пячонка
isibindi

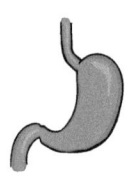

страўнік
isisu

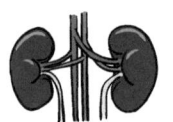

ныркі
izinso

сэкс
ucansi

прэзерватыў
ikhondomu

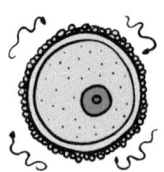

яйцаклетка
iqanda

сперма
isidoda

цяжарнасць
ukukhulelwa

цела - umzimba

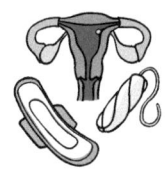

менструацыя

ukuya esikhathini

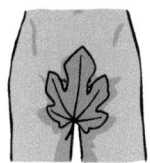

похва

imomozi

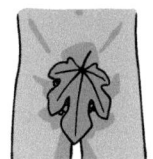

пеніс

umthondo

брыво

ishiya

валасы

izinwele

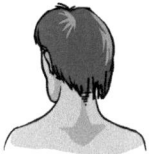

шыя

intamo

цела - umzimba

шпіталь
isibhedlela

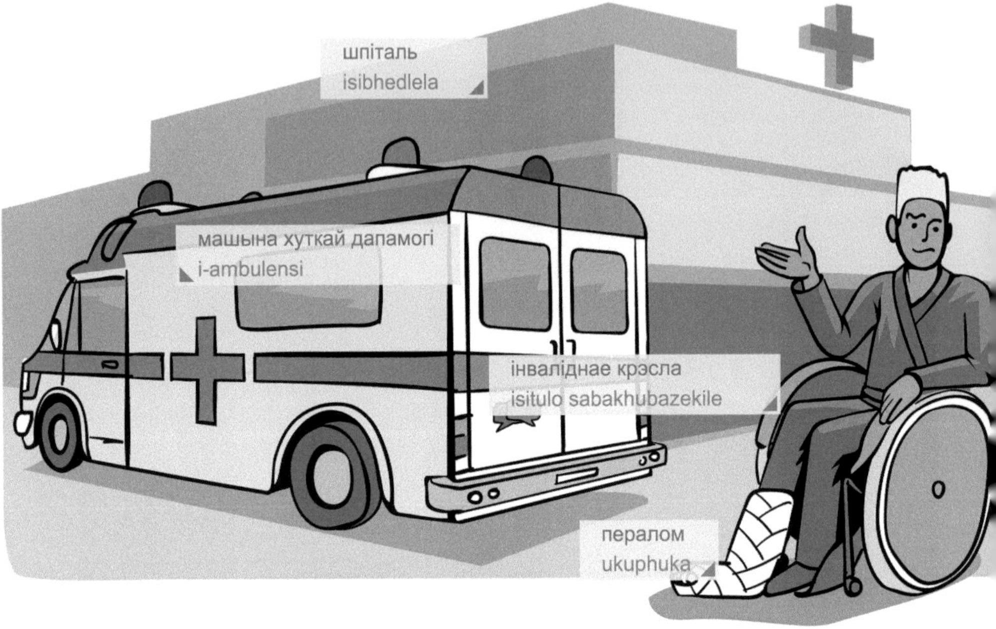

шпіталь
isibhedlela

машына хуткай дапамогі
i-ambulensi

інвалідная крэсла
isitulo sabakhubazekile

пералом
ukuphuka

доктар
udokotela

аддзяленне першай дапамогі
igumbi leziguli ezidinga ukwelashwa

медсястра
umhlengikazi

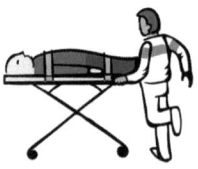

экстраная дапамога
izimo eziphuthumayo

непрытомны
ukuquleka

боль
ubuhlungu

траўма
ukulimala

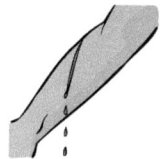

крывацёк
ukopha

інфаркт
isifo senhliziyo

апаплексія
ukushaywa unhlangothi

алергія
ukungazwani komzimba nezinto ezithile

кашаль
ukukhwehlela

гарачка
imfiva

грып
umkhuhlane

панос
ukuhuda

галаўны боль
ukuphathwa ikhanda

рак
umdlavuza

дыябет
isifo sikashukela

хірург
udokotela ohlinzayo

скальпель
isikalpheli

аперацыя
ukuhlinzwa

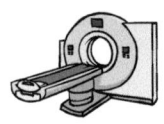
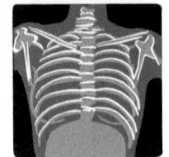
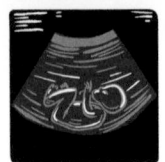

КТ
CT

рэнтген
i-x-ray

ультрагук
i-ultrasound

маска
imaskhi yasebusweni

хвароба
isifo

пачакальня
igumbi lokulinda

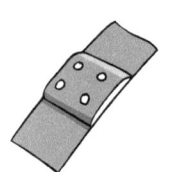

мыліца
izinduko zokuhamba

пластыр
iplasta

бінт
ibhandishi

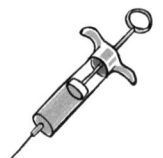
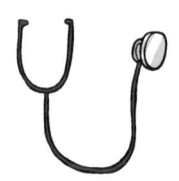
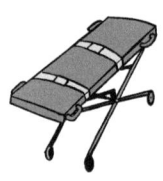

ін'екцыя
umjovo

стэтаскоп
izipopolo zikadokotela

насілкі
i-stretcher

градуснік
umshini okala izinga lokushisa

нараджэнне
ukubeletha

лішняя вага
ukukhuluphala ngokweqile

шпіталь - isibhedlela

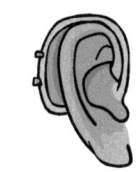

слухавы апарат

insizwa yokuzwa

дэзінфекцыйны сродак

ukungatheleleki

інфекцыя

ukutheleleka

вірус

ivariyasi

ВІЧ/СНІД

HIV / AIDS

лекі

umuthi

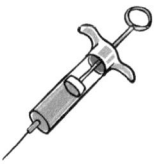

прышчэпка

umgomo

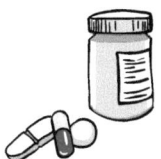

таблеткі

amaphilisi

супрацьзачаткавая таблетка

amaphilisi

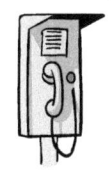

экстраны выклік

cingo oluphuthumayo

танометр

umshini okala umfutho wegazi

хворы / здаровы

ukugula / ukuba umqemane

шпіталь - isibhedlela

экстраная дапамога
izimo eziphuthumayo

Ратуйце!
Sizani!

сігналізацыя
i-alamu

напад
ukuhlasela

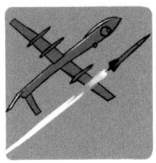

атака
ukuhlasela

небяспека
ingozi

аварыйны выхад
indawo yokubalekela ngaphansi kwezimo eziphuthumayo

Пажар!
Umlimo!

вогнетушыцель
isicimamlilo

аварыя
ingozi

аптэчка
ikhithi yosizo lokuqala

СОС
SOS

паліцыя
amaphoyisa

Зямля
Umhlaba

Еўропа

Europe

Паўночная Амерыка

North America

Паўднёвая Амерыка

South America

Афрыка

Africa

Азія

Asia

Аўстралія

Australia

Атлантычны акіян

Atlantic

Ціхі акіян

Pacific

Індыйскі акіян

Indian Ocean

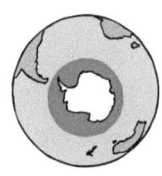

Паўднёвы ледавіты акіян

Antarctic Ocean

Паўночны ледавіты акіян

Arctic Ocean

Паўночны полюс

North Pole

Паўднёвы полюс

South Pole

Антарктыда

Antarctica

Зямля

Umhlaba

краіна

umhlaba

мора

izilwandle

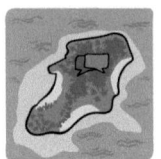

востраў

isiqhingi

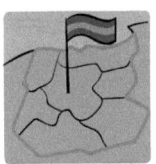

нацыя

izwe

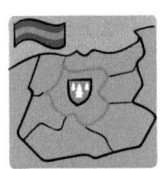

дзяржава

inhlangano engokomthetho

гадзіннік
iwashi

цыферблат	гадзінная стрэлка	хвілінная стрэлка
ubuso bewashi	isandla sehora	isandla semizuzu

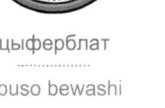  

секундная стрэлка	Колькі часу?	дзень
isandla sesibili	Ubani isikhathi?	usuku

час	зараз	электронны гадзіннік
isikhathi	manje	iwashi lezibalo

хвіліна	гадзіна
umzuzu	ihora

тыдзень
iviki

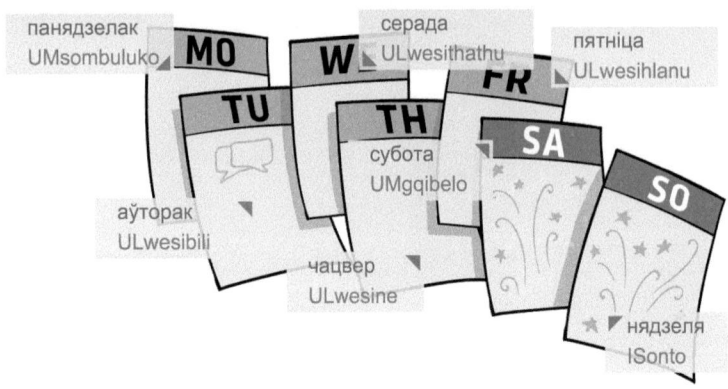

панядзелак — UMsombuluko
аўторак — ULwesibili
серада — ULwesithathu
чацвер — ULwesine
пятніца — ULwesihlanu
субота — UMgqibelo
нядзеля — ISonto

ўчора
izolo

сёння
namhlanje

заўтра
kusasa

раніца
ekuseni

абед
emini

вечар
ntambama

працоўныя дні
izinsuku zeviki

выхадныя
impelasonto

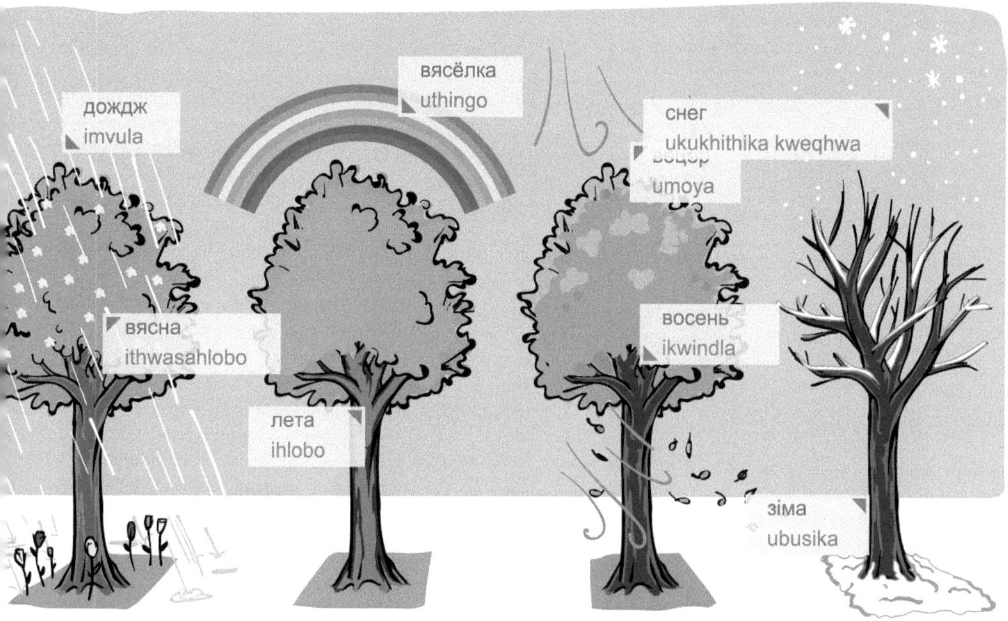

ГОД
unyaka

дождж
imvula

вясёлка
uthingo

снег
ukukhithika kweqhwa

вецер
umoya

вясна
ithwasahlobo

лета
ihlobo

восень
ikwindla

зіма
ubusika

прагноз надвор'я
isimo sezulu

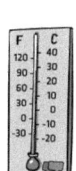

градуснік
umshini wezinga lokushisa

сонечнае святло
ukushisa kwelanga

воблака
amafu

туман
inkungu

вільготнасць паветра
umswakama

маланка	гром	бура
ummbani	ukuduma kwezulu	isiphepho

град	мусонны вецер	прыліў
isichotho	imvula enkulu	izikhukhula

лёд	студзень	люты
iqhwa	UMasingana	UNhlolanja

  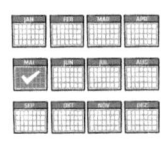

сакавік	красавік	май
UNdasa	UMbasa	UNhlaba

  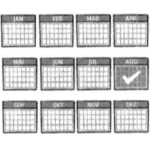

чэрвень	ліпень	жнівень
UNhlangulana	UNtulikazi	UNcwaba

год - unyaka

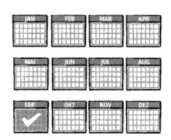
верасень
UMandulo

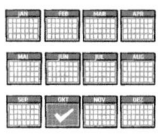
кастрычнік
UMfumfu

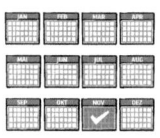
лістапад
ULwezi

снежань
UZibandlela

формы
amasheyphu

круг
indilinga

квадрат
isikwele

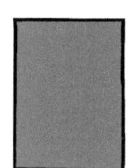
прамавугольнік
unxande

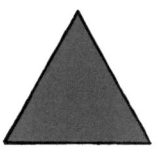
трохвугольнік
unxantathu

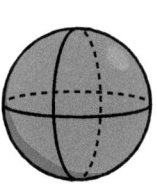
шар
i-sphere

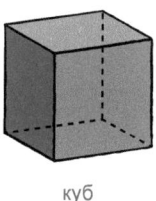
куб
i-cube

колеры
imibala

белы	жоўты	аранжавы
kumhlophe	kuphuzi	ku-olenji

ружовы	чырвоны	фіялетавы
kuphinki	kumbomvu	kuphephuli

сіні	зялёны	карычневы
kuluhlaza okwesibhakabhaka	kuluhlaza	kubhrawuni

шэры	чорны
kuphashile	kumnyama

супрацьлегласці
izinto ezingafani

шмат / мала
kakhulu / kancane

злы / добры
ukucasuka / ubumnene

прыгожы / брыдкі
ubuhle / ububi

пачатак / канец
isiqalo / isiphetho

высокі / малы
kukhulu / kuncane

светлы / цёмны
kuyakhanya / kumnyama

сястра / брат
mfowethu / udadewethu

чысты / брудны
ukuhlanzeka / ukungcola

поўны / няпоўны
ukuphelela / ukungapheleli

дзень / ноч
imini / ubusuku

мёртвы / жывы
ukufa / ukuphila

шырокі / вузкі
ukuvuleka / ukunyinyeka

ядомы / неядомы
okudliwayo / okungadliwa

злы / добры
ukukhohlakala / umusa

узбуджаны / нудны
ukujabula / isithukuthezi

тоўсты / тонкі
ukunona / ukuzaca

першы / апошні
ukuqala / ukugcina

сябар / вораг
umngane / isitha

поўны / пусты
ukugcwala / ukuphela

цвёрды / мяккі
ubunzima / ukuthamba

важкі / лёгкі
ukusinda / ukubalula

голад / смага
ukulamba / ukoma

хворы / здаровы
ukugula / ukuba umqemane

нелегальны / легальны
ngokomthetho / okungekho emthethweni

разумны / дурны
ukuhlakanipha / isiphukuphuku

левы / правы
isinxele / esokudla

побач / далёка
eduze / kude

супрацьлегласці - izinto ezingafani

вы / былы ва ўжыванні
kusha / sekusebenzile

нічога / нешта
utho / okuthile

стары / малады
okudala / okusha

укл / выкл
vuliwe / kucishiwe

адчынены / зачынены
vula / vala

ціхі / гучны
kuthulekile / kunomsindo

багаты / бедны
ukuceba / ubumpofu

правільна / няправільна
kulungile / akulungile

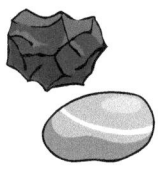
шурпаты / гладкі
kugadlazekile / kuyashelela

сумны / шчаслівы
dabuka / jabula

кароткі / доўгі
kufishane / kude

павольны / хуткі
kuyanensa / kuyashesha

вільготны / сухі
ukuba manzi / ukoma

цёплы / халаднаваты
ukufudumala / ukuphola

вайна / мір
ukulwa / ukuthula

супрацьлегласці - izinto ezingafani

лічбы
izinombolo

0
нуль
uziro

1
адзін
kunye

2
два
kubili

3
тры
kuthathu

4
чатыры
kune

5
пяць
kuhlanu

6
шэсць
isithupha

7
сем
isikhombisa

8
восем
isishiyagalombili

9
дзевяць
isishiyagalolunye

10
дзесяць
ishumi

11
адзінаццаць
ishumi nanye

12 дванаццаць
ishumi nambili

13 трынаццаць
ishumi nantathu

14 чатырнаццаць
ishumi nane

15 пятнаццаць
ishumi nanhlanu

16 шаснаццаць
ishumi nesithupha

17 сямнаццаць
ishumi nesikhombisa

18 васямнаццаць
ishumi nesishiyagalombili

19 дзевятнаццаць
ishumi nesishiyagalolunye

20 дваццаць
amashumi amabili

100 сто
ikhulu

1.000 тысяча
inkulungwane

1.000.000 мільён
izigidi

лічбы - izinombolo

МОВЫ
izilimi

англійская

isiNgisi

англійская (Амерыка)

isiNgisi saseMelika

кітайская мандарынская

isiMandarin saseShayina

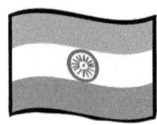

хіндзі

isiHindi

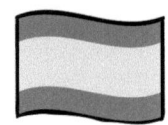

іспанская

iSpanishi

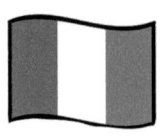

французская

isiFulentshi

арабская

isi-Arabhu

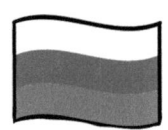

руская

isiRashiya

партугальская

isiPutukezi

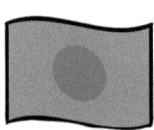

бенгальская

isiBengali

нямецкая

isiJalimane

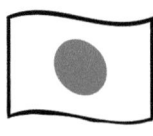

японская

isiJapane

хто / што / як
ubani / ini / kanjani

я
Mina

ты
wena

ён / яна / яно
u / u / ku

мы
thina

вы
nina

яны
bona

хто?
ubani?

што?
ini?

як?
kanjani?

дзе?
kuphi?

калі?
nini?

імя
igama

дзе
kuphi

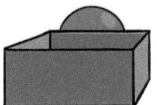

за
ngemuva

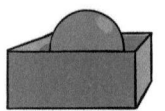

у
ngaphakathi

перад
phambi kwe

над
phezulu

на
ngaphezulu

пад
ngaphansi

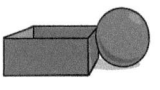

каля
eceleni

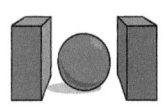

паміж
phakathi

месца
indawo